György Dalos

21. August 1968

Prager Frühling

Der Mann vor dem Panzer – eine Nahaufnahme

Der gleiche Ort des Titelbildes im Jahr 2014: der Šafárik-Platz, Bratislava.

Inhaltsverzeichnis

Beginn der Invasion   5

Bratislava, August 1968   9

Der Zeitzeuge   11

Emil Gallo   13

Ladislav Bielik   15

Vermutliche Motive des Emil Gallo   19

Der Zeitzeuge   23

Der Streit um die Erbschaft   25

Der Zeitzeuge   27

Emil Gallo heute   31

Eine Reinkarnation   33

Literatur   35

Prag, 21. August 1968.

Beginn der Invasion

Militärisch gesehen verlief die Operation „Dunaj" reibungslos. Nachdem 500.000 Soldaten der fünf Staaten des Warschauer Vertrags marschbereit, Tausende Flugzeuge und Panzer mobilisiert waren, schien die Aktion so gut wie gesichert. Zwei Stunden nach dem Startsignal brachten die Streitkräfte der Invasoren den Prager Flughafen Ruzyně unter ihre Kontrolle – um fünf Uhr morgens die wichtigsten Gebäude und die Moldaubrücken, um neun Uhr die Stadt Brno, und nach 36 Stunden war das gesamte Territorium der Tschechoslowakischen Sozialistischen Republik besetzt. Obwohl der Vormarsch durch die zuvor gesicherte Neutralitätsgarantie der tschechoslowakischen Volksarmee deutlich erleichtert wurde, war dennoch die logistische Leistung beachtlich. Anders als zwölf Jahre zuvor in Budapest, wo die Niederschlagung des ungarischen Volksaufstands Tausende von Toten und Verwundeten gefordert hatte, rechnete man mit einem kurzen und unblutigen Einmarsch. In der Tat verlief die propagandistisch als „brüderliche Hilfe" beschönigte Verletzung der Souveränität der ČSSR weit weniger brutal. Tschechische und slowakische Historiker sprechen heute von 106 Toten, auf sowjetischer Seite gab es 60 tote Soldaten. Die meisten Zivilisten starben bei einer panischen Schießerei am Rundfunkgebäude, andere wurden von Panzern zermalmt. Die meisten sowjetischen Opfer gab es bei einem Flugzeugabsturz.

Aus politischer Sicht erwies sich die Operation zunächst als wenig erfolgreich. Zum einen gelang es nicht auf Anhieb, aus den „gesunden Kräften", den prosowjetischen Hardlinern der Parteiführung, eine Gegenregierung zu organisieren, die handlungsfähig genug war, um die reformkommunistische Mehrheit des Zentralkomitees mit Alexander Dubček an der Spitze

Alexander Dubček, 1968 in Prag.

ersetzen zu können. Zum anderen löste das Erscheinen der Panzer auf den Straßen elementare Empörung bei der Bevölkerung aus, auch wenn diese keine gewaltsamen Formen annahm, sondern sich in friedlichen Massenkundgebungen und zahllosen spöttischen Graffiti an Hauswänden äußerte. Gegen die Invasion protestierten eine Zeitlang auch illegale Rundfunksender. Selbst die UdSSR und ihre Verbündeten mussten einsehen, dass sie zur Beruhigung der Lage zumindest aus taktischen Gründen die Hilfe der nach Moskau entführten Mitglieder des Vorstands der KP benötigten und ließen diese wieder nach Prag zurückkehren, nachdem sie ihnen abgenötigt hatten, ein gemeinsames Kommuniqué zu unterschreiben. Zur vollständigen Konsolidierung des kommunistischen Regimes, der „Normalizace", brauchte man noch ein dreiviertel Jahr – erst danach etablierte sich die neue, von Gustáv Husák geprägte Parteiherrschaft, die schlussendlich im Spätherbst 1989 unter dem Druck von Gorbatschows Perestroika und der gewaltlosen Bürgerbewegung zusammenbrach.

ullstein bild – RDB / Blick, 07263901

„Sozialismus", Prag 21. August 1968.

akg-images / Ladislav Bielik, AKG 1039993

akg-images / Ladislav Bielik, AKG 1039994

Bratislava, 21. August 1968.

Bratislava, August 1968

In einer streng geheimen Information an die Führung der DDR, schilderte die sowjetische Führung die Reaktion auf den militärischen Aufmarsch in verschiedenen Ortschaften der ČSSR. Die „Nationale Volksarmee" war nur symbolisch an der Operation Dunaj beteiligt, um Parallelen zum Einmarsch deutscher Truppen in die Tschechoslowakei zu vermeiden., Während für Prag, Ostrava, Brno und Plzeň am 21. August eine wachsende „Zusammenrottung" von Menschen konstatiert wurde, viele Betriebe streikten und Gruppen von „Provokateuren" sogar die Bewegung der gepanzerten Kampffahrzeuge zu behindern suchten, erhielt in dem Geheimbericht die kleinere Hälfte der Republik bessere Noten: „In der Slowakei gestaltet sich die Lage etwas günstiger als in etlichen tschechischen Gebieten. (…) Aber auch in der Slowakei, besonders in Bratislava, fanden feindselige Ereignisse statt, die zum Morgen des 22. August hin sogar an Häufigkeit zunahmen."

Es ist eine Tatsache, dass der slowakische Teil der Republik weniger in den „Prager Frühling" involviert bzw., von dessen aufgewühlter Atmosphäre durchdrungen war als der tschechische Teil. Dies hing mit einem Geburtsfehler der ČSR und ihren kommunistischen Nachfolgern zusammen: Es handelte sich um einen Einheitsstaat von zwei Völkern und mehreren Minderheiten, in dem der seit 1918 staatstragenden slowakischen Nation – damals annähernd vier Millionen Bürgern – die Möglichkeit verwehrt blieb, als gleichrangiges föderatives Subjekt eine eigene Regierung zu bilden. So galt Bratislava offiziell nicht als Hauptstadt der Slowakei, sondern lediglich als administratives Zentrum des westslowakischen Kreises – nach Prag und Brno drittgrößte Stadt des Landes mit einer Bevölkerung von 260.000, also im Vergleich mit der Goldenen Stadt ein Provinznest. Zwar wirkte die Liberalisierung der Sechzigerjahre auch hier nach, vor allem im Bereich der bildenden Künste, und auch der Aufstieg des Slowaken Dubček in die Spitze der KP-Hierarchie konnte als Aufwertungen des kleinen Bruders interpretiert werden. Doch neigten hier sowohl die Funktionäre als auch Teile der Intelligenzija zu einer gewissen Zurückhaltung bei der Wahrnehmung des „Sozialismus mit menschlichem Antlitz".

Umso mehr waren die Bürgerinnen und Bürger Bratislavas vom Erscheinen der sowjetischen Panzer auf ihren Straßen schockiert. Der Einzug der Okkupationseinheiten begann in der Nacht vom 20. auf den 21. August.

akg-images / Ladislav Bielik, AKG1039967

Bratislava, 21. August 1968.

Der Zeitzeuge

Den heute in Vergessenheit geratenen Schriftsteller und Journalisten Ladislav Mňačko (1919–1994) traf der Einmarsch
der Truppen des Warschauer Vertrags in einer außergewöhn-
lichen Situation. Als ehemaliger Partisan des Slowakischen
Nationalaufstands gegen die deutschen Besatzer bekleidete
er zunächst hohe Funktionen in der tschechischen und slowakischen Presse und galt als erfolgreicher und preisgekrönter
Autor, solange er treu der Parteilinie folgte. In den Sechziger-
jahren forderte er die öffentliche Rehabili-
tierung der Opfer der stalinistischen Pro-
zesse (so in seinem Buch „Verspätete Re-
portagen") und kri-tisierte die Mentali-
tät der herrschenden kommunistischen
Elite („Wie die Macht schmeckt"). Während
des Nahostkriegs 1967 befand er sich
mit seiner jüdischen Ehefrau Eva im Wes-
ten. Auf einer Presse-konferenz verteidigte
er die Position Israels und wurde daraufhin
von den Behörden der ČSSR ausgebürgert.

CTK, FO01030434

Ladislav Mňačko, 1968.

Ein paar Monate später, in der hoffnungsvollen Atmosphäre der Dubčekschen Reformen, kehrte er ungehindert nach Bratislava zurück und war bereit, an dem Prozess teilzunehmen, den er als „Erneuerung des Kommunismus" begriff. Als erfahrener Journalist und politisch geschulter Mensch wusste er um die Gefahren, die den „Prager Frühling" bedrohten. Doch erst in den frühen Morgenstunden des 21. Augusts begann er zu begreifen, dass seine Rückkehr zumindest ein leichtfertiges Unternehmen gewesen war. Eine Woche später ging er mit seiner Frau nach Wien. Sein Exil sollte diesmal 22 Jahre dauern. Kaum angekommen, zeichnete er seine Eindrücke im Eiltempo auf und veröffentlichte sie noch im selben Jahr in Form eines wenig verhüllt autobiographischen Romans („Die siebente Nacht"). Die Schilderung jener unruhigen Nacht und des darauf folgenden frühen Morgen wirkt dokumentarisch:

„Wir gingen am Rundfunksender vorbei, an der Post, am Rathaus. Überall das gleiche Bild, überall Panzer mit Geschützrohren, drohend, bereit, beim ersten Impuls, beim ersten Anzeichen eines Widerstandes die Stadt zu zerschießen. Vor der ‚Reduta' an der Uferpromenade umringten zahlreiche junge Leute einen Panzerwagen und diskutierten lebhaft und erregt mit der Besatzung. Ein Offizier kam mit einem Geländewagen und forderte die Leute auf auseinander zu gehen. Er befahl seinen Schützen, zur Warnung eine Salve abzufeuern. Die Leute gingen nicht auseinander. Wir kamen zur Donau, die Uferstraße war voller Menschen. Sie standen hintereinander auf der einzigen Brücke über die Donau. Und auf der anderen Ufer, auf der Straße wälzten sich neue und immer neue Stahlkolosse heran."

Emil Gallo

Selbst aus den äußerst spärlichen biographischen Angaben geht hervor, dass der zum Zeitpunkt der Invasion 44-jährige Emil Gallo, Installateur bei den Städtischen Wasser- und Gaswerken von Bratislava, kein leichtes Leben gehabt hatte. Seine Frau Margita Nitrianska, mit der er seit 1948 verheiratet war, nahm sich 1963 „unter tragischen Umständen" das Leben, was immer diese kryptische Umschreibung zu bedeuten hatte. Seitdem sorgte der Witwer gemeinsam mit seiner Mutter für die vier Kinder Ladislav, Emilia, Ľudovít und Dana, arbeitete bei der Kommunalverwaltung. Sein Alltag verlief zwischen Job und Familie. Diese wohnte in der nahe dem Bahnhof gelegenen Sokolska-Straße. Zu Fuß brauchte er zwanzig Minuten bis zum Zentrum, wobei am 21. August der städtische Verkehr ohnehin durch die Panzer blockiert war. Offenbar ließ Emil Gallo an jenem frühen Morgen die Kinder bei seiner Mutter und erreichte schließlich den Šafárik-Platz in der Altstadt. Mitten auf dem Platz, gegenüber dem Gebäude der Comenius-Universität, standen die Panzer, umgeben von der protestierenden Menge. Der Installateur blieb stehen, knöpfte sein kurzärmeliges Hemd auf und stand eine Weile mit entblößter Brust vor einem der Kampffahrzeuge. Dann verließ er den Ort und ging unbehelligt weiter, um seinen Dienst als Handwerker zu leisten. Weder den Kollegen noch seiner Familie erzählte er etwas von dieser ungewöhnlichen Tat, die jedoch am nächsten Tag als Foto auf der Hauptseite der Jugendzeitung „Smena" mit der Bildunterschrift „Unsere Jugend steht für Dubček" dokumentiert war – eine Zensur konnten die Okkupanten zunächst nicht realisieren. Diese Episode war und blieb die einzige politisch interpretierbare Geste in Gallos Leben. Wir wissen nicht, ob er wegen seines unleugbaren Pro-

testes im Verlauf der „normalizace" jemals belangt oder be-
nachteiligt wurde.

Höchstwahrscheinlich ging Gallo in den darauffolgenden
Jahren unauffällig seinem Job nach und sorgte für die Kinder, bevor er im Jahre 1971, an einer schweren Depression
leidend, „freiwillig aus dem Leben schied", wie seine Kinder
später mitteilten. Emil Gallo, der „Mann mit der entblößten
Brust vor dem Okkupationspanzer" oder „Tank man", wie die
Bildunterschriften lauteten, wurde erst nach der „samtenen
Revolution", die in der Slowakei „sanfte Revolution" genannt
wurde, weltweit bekannt.

akg-images / Ladislav Bielik, AKG1041583

Panzer der Interventionstruppen in Bratislava, 21. August 1968.

Ladislav Bielik

Während Emil Gallo in den Tagen der Unterdrückung des „Prager Frühlings" zu den vielen namenlosen Akteuren gehörte, war der Fotograf Ladislav Bielik zumindest in Bratislava eine bekannte Persönlichkeit. Er war auch nicht zufällig unterwegs zum Šafárik-Platz, sondern machte dort und in der ganzen Stadt Aufnahmen für die „Smena", als deren Fotokorrespondent er zu dieser Zeit tätig war. Die „Smena" war das Zentralorgan des Slowakischen Kommunistischen Jugendverbands und gehörte zur reformorientierten Presse. Unter anderem bekam hier das slowakische Publikum das berühmte „Manifest der 2000 Worte" zu lesen, dessen Autoren und Unterzeichner

akg-images / Ladislav Bielik, AKG 1039986

Demonstranten errichten eine Barrikade gegen Panzer, Bratislava 21. August 1968.

weit über die kommunistische Reformidee hinaus eine tiefere demokratische Umwandlung von Staat und Gesellschaft befürworteten. Von Moskau bis Sofia verurteilte die Regierungen dieses Dokument als „konterrevolutionäre Plattform". Im Nachhinein galt es als eines der Auslöser für die Aktion der „Bruderländer". Was Bielik betraf, so war seine Arbeit in der Redaktion der „Smena" eindeutig ein Aufstieg im Vergleich zu seinem früheren Job bei dem weniger prestigeträchtigen Sport-Wochenblatt „Štart".

In jenem heißen August verfertigte Ladislav Bielik Hunderte von Aufnahmen und Schnappschüssen – 187 von ihnen sind erhalten geblieben. Er verewigte sowjetische Soldaten und tschechoslowakische Bürger und schien bei der Ausübung seines riskanten Berufs keine Angst zu haben. Erst mit der erzwungenen „Normalisierung" musste er einsehen, dass seine Werke nicht mehr gefragt waren, und er versteckte die Fotos und Negative im Keller seines Hauses. Ein Bild konnte er aber nicht mehr verheimlichen: Das von dem Installateur, der in provokanter Pose vor dem Panzer T-55 stand, als wolle er, wie in einem sowjetischen Kriegsfilm, die Okkupanten gezielt auffordern: „Schießt doch!" Ein Exemplar der „Smena" nahm der deutsche Student Peter-Stephan Lutz mit nach München und übergab es der dpa. In den nächsten Tagen ging die Aufnahme um die Welt und wurde weltberühmt, gewissermaßen als Ikone des gewaltlosen Widerstands. Sogleich wurde sie für den World Press Photo Award in Den Haag nominiert, zu dem im September 1968 Bielik eine Einladung und als Urheber eine Akkreditierung erhielt, auf der klipp und klar stand: „Ladislav Bielik, Tschechoslowakische Sozialistische Republik". Von einer Ausreise zum Festival konnte selbstverständlich in der gegebenen Situation keine Rede sein.

Der allmählich einsetzende Rachefeldzug der Partei gegen die rebellischen Intellektuellen, die sich von den freiheitlichen Idealen nicht lossagen wollten, brachte für Wissenschaftler und Künstler meist Berufsverbot mit sich. Viele prominente Akteure der Kultur wählten das Exil, darunter Pavel Kohout, Milan

Kundera, Josef Škvorecký und Miloš Forman. Die Daheimge-
bliebenen, wie der tschechische Romancier Bohumil Hrabal,
der slowakische Autor Dominik Tatarka oder die Filmregisseu-
rin der tschechoslowakischen „Neuen Welle", Vera Chytilová,
litten unter den Schikanen der Zensur. Noch schlimmer erging
es Historikern oder Lyrikern, die als Heizer oder Nachtwächter
ihr Auskommen sichern mussten. Im Rahmen dieser Kampa-
gne war Bielik noch relativ glimpflich davongekommen. Von
der „Smena" wurde er 1971 wieder zum Sportjournal „Štart"
versetzt. Während einer der nächsten Säuberungswellen ent-
ließ man ihn aus der Redaktion, doch er durfte ab und zu frei-
beruflich für die Zeitschrift weiter arbeiten. Doch ausgerech-
net diese gemäßigte Variante der Ausgrenzung mündete für ihn
in eine Tragödie. Während eines Autorennens in der Nähe von
Budapest Ende März 1984 verlor der Fahrer eines Tura Lada
300 die Kontrolle über sein Fahrzeug und fuhr in die Menge.

akg-images / Ladislav Bielik, AKG 1041577

Sowjetischer Soldat bei dem Einmarsch in die CSSR, Bratislava 21. August
1968.

Unter den vier Todesopfern befand sich auch der 45-jährige Fotoreporter. Erst fünf Jahre später, im Dezember 1989, stieß sein Sohn Peter auf das versteckte Erbe des Vaters: „Schließlich fand ich die Filme im Keller in einem schimmeligen Koffer. In einem Umschlag aus Pergament sah ich das Foto eines Panzers, wütende Menschen, einen russischen Soldaten, der nicht einmal wusste wo er war."

akg-images / Ladislav Bielik, AKG1039988

Ein Demonstrant will gegen einen Panzer der Interventionstruppen vorgehen, 21. Augsut 1968.

Vermutliche Motive des Emil Gallo

Warum Ladislav Bielik damals das Risiko auf sich nahm, sein Objektiv auf die bis zu den Zähnen bewaffneten Soldaten und Offiziere der Besatzerarmeen zu richten, ist mit seiner Leidenschaft für Fotografie und Reportage erklärbar. Ungefähr zu dieser Zeit befand sich Michelangelo Antonionis 1966 gedrehtes Meisterwerk „Blow up" auf dem Triumphzug – ein Film über den britischen Fotografen Thomas, der bei seiner Suche nach Motiven Zeuge einer Mordtat wird. Allerdings wird er von den Tätern entdeckt und aller Kopien und Negative beraubt. Was ihm dabei verloren geht, ist der Augenblick der Wahrheit. Ebenso wollte Bielik mit seiner Kamera ein Stück Wahrheit retten, einem Delikt, diesmal einem historische Verbrechen, auf die Spur kommen, es festhalten und sich lediglich kurze Pau-

www.eurosouvenir.sk

Der 0-Euroschein ist dem 50. Jahrestag des Widerstandes gegen die Besetzung gewidmet.

sen für das Auswechseln der Filme in seiner Kamera gönnen. Beispiele von Journalisten, die ihrem Beruf trotz Todesgefahr nachgehen, sind bis heute aktuell – selbst in der demokratisch gewandeten Slowakei, wo unlängst der über Korruption recherchierende investigative Reporter Jan Kuciak ermordet wurde.

Was aber bezweckte Emil Gallo mit seinem tragischen und zugleich grotesken Auftritt auf dem Šafárik-Platz? Seine Wut verstehen wir, er teilte sie mit Millionen Bürgern seines Landes und der internationalen Öffentlichkeit. Aber bei weitem nicht alle Demonstranten waren bereit, ihre Empörung in einer direkten, herausfordernden Aktion zum Ausdruck zu bringen, oder sie ließen sich von der physischen Angst vor den gepanzerten Monstern leiten. Heute wissen wir, dass die Führung des Warschauer Vertrags damals Offiziere und Soldaten direkt angewiesen hatte, mit der Zivilbevölkerung „freundlich und höflich" umzugehen. Obwohl diese Instruktion angesichts der Brutalität des Einmarsches absurd klang, kann man annehmen, dass der Kreml ein zweites Budapest um jeden Preis vermeiden wollte. Wenn aber in einem völlig friedlichen Land plötzlich 6000 Panzer erscheinen, können diese sogar zufällig, etwa wenn ein Panzerschütze die Nerven verliert, ein Blutbad verursachen. Umso gefährlicher wird die Situation, wenn der Fahrer mit seinem Periskop einen demonstrativen Widerstand registriert. Der 1924 geborene Emil Gallo war Augenzeuge des Krieges und konnte diesbezüglich keine Illusion haben – sein Auftauchen und erregtes Gestikulieren vor einem Kampffahrzeug glich einem öffentlichen Suizidversuch. Jedenfalls muss er seinen möglichen Tod als Folge des Protestes zumindest in Kauf genommen haben.

Selbstmord als politische Aktion gehörte durchaus zu den erschütternden Sensationen der Sechzigerjahre. So verbrannte sich in Südvietnam 1963 der buddhistische Mönch Thich Quang Duc öffentlich aus Protest gegen das autoritäre Regime des Diktators Ngo Dienh Diem. Offensichtlich wirkte diese Verzweiflungstat am Ende des Jahrzehnt im Ostblock als beispielgebend: Gegen den Einmarsch der „Bruderländer" in die ČSSR protestierten in dieser fürchterlichen Form junge und ältere

An der Beerdigung von Jan Palach beteiligen sich 600.000 Menschen, Prag Januar 1969 (Abbildung S. 21 u. 22).

Menschen. Der Prager Student Jan Palach zündete sich auf dem Wenzelsplatz an, nachdem er seine Kleider mit Benzin übergossen hatte, und diesem Beispiel folgte an demselben Ort der Student Jan Zajíc. Der siebzehnjährige Ungar Sándor Bauer machte seinen Körper vor dem Budapester Nationalmuseum zur Fackel und berief sich in seinem Abschiedsbrief auf das Vorbild Jan Palachs. Der 59-jährige polnische Buchhalter Ryszard Siwiec, ehemaliger Widerstandskämpfer und Soldat der „Heimatarmee", verbrannte sich im September 1968 während des traditionellen Erntedankfestes in einem War-

schauer Stadion in Anwesenheit von Zigtausenden Zuschauern, unter ihnen der Parteichef Władysław Gomułka. Auch Siwiecs Suizid galt dem Einmarsch, an dem sein Land beteiligt war. Es gibt jedoch zwei gewichtige biografische Tatsachen, aufgrund derer wir Gallos exzessiven Auftritt etwas differenzierter betrachten können: Der frühe Freitod seiner Gattin Margita und der eigene Suizid drei Jahre nach der Szene in der Altstadt von Bratislava. Diese Fakten deuten darauf hin, dass er auch private Gründe gehabt haben kann, sich als Verlierer und Versager zu fühlen und gleichzeitig die eigene Trauer in die Tragödie seines Landes zu transponieren. Außerdem hoffte der namenlose Installateur in seinem durch das Rollen der Panzer exaltierten Seelenzustand womöglich seinem Sterben und damit seinem Leben einen höheren Sinn zu verleihen, was ihm dank Bieliks Aufnahme nach seinem Tod auch „gelang". Das sind Vermutungen. Was wissen wir aber von dem Menschen Emil Gallo überhaupt? Seine Familienangehörigen schwiegen zunächst und behaupteten dann, dass Gallo sich nie für Politik interessiert hätte.

Der Zeitzeuge

Angst und Wut, mehr aber noch Ohnmacht und das Gefühl des Ausgeliefertseins waren für die meisten Bürger typisch an jenem Morgen, an den sich Ladislav Mňačko erinnert: „Noch immer wälzten sich immer neue und neue Truppenkontingente über die Donaubrücke. Die Okkupation brachte innerhalb weniger Stunden das normale Leben im Lande zum Erliegen. Die Telefone verstummten, der Eisenbahnverkehr stockte, vor den Geschäften standen lange Menschenschlangen, die auf Brot warteten und es nicht bekamen. Ein Einkaufsfieber brach aus, die Menschen begannen Vorräte anzulegen. Aber der Rundfunk brachte statt der erwarteten Aufrufe der neuen Regierung Aufrufe zur Einheit, zum Widerstand und nannte das, was geschehen war, beim richtigen Namen: Okkupation, Vergewaltigung, Aggression, Verletzung der gültigen Abkommen, Verrat der Verbündeten, unerhört barbarisches Verbrechen." In der Tat ließen die Besatzungstruppen für eine kurze Weile die Medien weiter arbeiten, das politische Spiel blieb zunächst unentschieden. Vielleicht gehörte diese Großzügigkeit sogar zur Beschwichtigungstaktik. Selbst Mňačko neigte dazu, dieser Mehrdeutigkeit einen Funken Hoffnung abzugewinnen: „Und was, wenn sie das Ganze schlecht angepackt hatten, wenn sie niemanden für sich gewinnen konnten, wenn sie wirklich keine Regierung vorbereitet haben? Was dann, wenn ein Wunder geschieht?"

Es geschah kein Wunder, im Gegenteil: „Eine große Gruppe patriotischer Jugendlicher aus Bratislava zieht durch die Straße. An der Spitze wird eine Fahne getragen, sie singen die Internationale (...) Fünfzehn Minuten danach fährt aus einem Panzerwagen eine Maschinengewehrsalbe, mitten hinein in diese ahnungslose Gruppe patriotischer Jugendlicher. Dabei

Demonstration gegen Panzer, Bratislava 21. August 1968.

wird ein junges siebzehnjähriges Mädchen getötet." In der Tat handelte es sich um etwas mehr als friedliches Singen: Jugendliche bewarfen die Panzer mit Pflastersteinen, worauf die Sowjetsoldaten angeblich Warnschüsse abfeuerten, die drei Todesopfer forderten. Unter ihnen befand sich Daniela Košanová, eine fünfzehnjährige Schülerin, die, von einer Kugel im Bauch getroffen, auf den Eingangsstufen der Comenius-Universität zusammenbrach. All dies geschah in den Vormittagsstunden des 21. August auf dem Šafárik-Platz, den Emil Gallo ein paar Stunden zuvor unversehrt verlassen hatte.

Der Streit um die Erbschaft

Weder der Fotograf noch sein Objekt erlebten den Zusammen-
bruch des Systems, zu dessen Fortbestand die UdSSR und ihre
Verbündeten Militärtechnik und Divisionen mobilisiert hatten.
Nun konnten Bieliks Fotos öffentlich ausgestellt werden, und
sie wanderten und wandern besonders bei runden Jubiläen
durch die Metropolen dieser Welt. Nach Bielik wurde die Kunst-
hochschule seiner Geburtsstadt Levice benannt. Zur echten
Kultfigur wurde jedoch der Installateur Gallo, dessen die junge
slowakische Demokratie bis heute in den unterschiedlichsten
Formen gedenkt: Briefmarken, Geldmünzen und -scheine und
auch T-Shirts tragen sein berühmtes Bild mit der entblößten
Brust vor dem Panzer. Bald meldete sich bei der Familie Bielik
Gallos Tochter Emilia, inzwischen Gogova, und identifizierte
aufgrund des im Koffer des Fotografen entdeckten Fotos ihren
Vater. Die Jahrzehnte des Schweigens fanden ihr Ende. Und
dennoch warfen die neuen Zeiten auch manche Schatten auf
die Freude der Familie Bielik. Erst jetzt entdeckte sie, dass auf
ausländischen Veröffentlichungen des berühmten Fotos jede
Erwähnung des toten Vaters fehlte und die Urheber- bzw. Erb-
rechte krass ignoriert worden waren. Zudem waren Publika-
tionen häufig mit falschen Unterschriften versehen: So wurden als Ort manchmal Prag oder „Budapest, 1956" genannt.
Peter Bielik, den Sohn des Fotografen, zu Beginn der Neun-
zigerjahre noch Schüler, beunruhigte dieser Sachverhalt sowohl aus moralischen als auch nicht zu vernachlässigenden
materiellen Gründen: Wo waren die Tantiemen für die unzäh-
ligen Kopien geblieben?

„Ich fing an zu suchen", erzählte er nach mehreren Jahren,
nun bereits Moderator des slowakischen Fernsehens, der Re-
dakteurin der Zeitung „Sme", Nachfolgerin der „Smena". „Ich

fuhr nach München, suchte die Veröffentlichungen des Fotos im Archiv. Das Bild war zuerst in der ‚Welt am Sonntag' erschienen mit dem Hinweis, dass das Foto von Touristen über die Grenze gebracht worden sei. Einen Tag später erschien es in der ‚New York Times' mit der Geschichte eines deutschen Studenten, der die ‚Smena' in München zwei Agenturen angeboten haben sollte. Es gehörte auch der US-amerikanischen Agentur UPI." Auf einen Brief der Familie Bielik hin erklärte zunächst die Deutsche Presseagentur, dass sie legal die Rechte erworben und die Gebühren angeblich dem Studenten entsprechend bezahlt habe. Es folgte eine lange Korrespondenz, nunmehr zwischen den Anwälten der Erben und der Agentur. Diese argumentierte über ihre Anwaltskanzlei damit, bei dem „Mann mit entblößter Brust vor dem Panzer" handle es sich um kein künstlerisches Werk, sondern um einen einfachen, unterwegs gemachten Schnappschuss, der daher keinen Anspruch auf urheberrechtlichen Schutz habe. Schließlich dauerte der Prozess fünf Jahre lang, bis das Amtsgericht Frankfurt 2012 erklärte, dass die Rechte an der Fotografie den Erben gehörten. Ausschlaggebend für die Entscheidung war ein im Koffer auf dem Dachboden vorhandenes Negativ des Originalfotos, dem gegenüber die dpa lediglich die Veröffentlichung, das heißt die Kopie einer Kopie vorweisen konnte. Allerdings wurde die rückwirkende Bezahlung der Tantiemen dadurch erschwert, dass nicht einmal die Agentur von der weltweiten Vermarktung des slowakischen „tank man" einen Überblick hatte. Schließlich erhielten die Erben einen recht ansehnlichen „immateriellen moralischen Schadensersatz".

Der Zeitzeuge

Die Niederlage sah im ersten Moment fast wie ein Triumph aus. Die nach Moskau entführte „Delegation" der tschechoslowakischen Partei- und Staatsführung wurde in Prag von einer begeisterten Menge empfangen, und viele glaubten noch an einen Modus Vivendi zwischen dem Reformsozialismus des kleinen Landes und der Geduld der gestrengen Großmacht. Aber der Frühling war vorbei. Ladislav Mňačko begriff jedoch, dass der im Arrest ausgehandelte Kompromiss von tschechoslowakischer Seite nur Kapitulation bedeuten konnte und hatte keine Illusionen, was ihm im Falle der Wiederkehr der Stalinisten blühte. Er fasste gemeinsam mit seiner Frau den

akg-images / Ladislav Bielik, AKG 1041580

Bratislava, 21. August 1968.

Entschluss, Schlimmerem aus dem Weg zu gehen. Am dritten Tag der Invasion flohen sie vor der Unruhe in der Stadt zunächst nach dem nahen Budmerice, in das Erholungsheim des Schriftstellerverbands. Aber die Ruhe dort, das Hören des Rundfunks hielten ihre Nerven nicht aus. Die siebente Nacht verbrachten sie wieder in der Wohnung von Freunden, die ihnen seit ihrer Rückkehr aus Israel eine provisorische Bleibe gewährt hatten.

„Ich ging durch die abendliche, voll beleuchtete, aber ganz leere Stadt. In dieser siebenten Nacht waren nur noch wenige Panzer auf den Plätzen und Straßen. Sie hatten sich aus der Innenstadt zurückgezogen. Den wenigen, die an strategisch wichtigen Punkten zurückblieben – ich konnte sie schon vom weiten sehen – habe ich mich nicht genähert, ich machte einen großen Bogen um sie. Wenn ich irgendwo ein Motorengeräusch hörte, versteckte ich mich hinter dem nächsten Tor. Es konnte nur eine sowjetische Patrouille auf einem Panzerwagen sein. In dieser Nacht fuhr kein einziges Privatauto durch die Straßen. (...) Ich bin zurückgekommen, um wegzugehen, für immer wegzugehen. Noch bin ich nicht fort, (...) noch gehe ich auf dem Pflaster spazieren, aber ich bin ein Emigrant. Ich bin schon ein Emigrant, ich fürchte mich von diesem Wort, ich fürchte mich von diesem Leben, ich fürchte mich vor dieser Traurigkeit, aber hier sind die Russen, die Russen sind hier, und du bist nicht mehr die Stadt für mich und wirst es nicht mehr sein. (...) An dem Tage nach der siebenten Nacht erfasste mich Panik. Ich setzte mich in ein Taxi. „Zur österreichischen Grenze...“

Die traurige Paradoxie von Mňačkos Schicksal nahm damit kein Ende. Als er nach 1989 in die Tschechoslowakei zurückkehren durfte, wo nunmehr auch seine Bücher erschienen, musste er einen für ihn tragischen Prozess miterleben. Soziale Spannungen, Machtintrigen und das unbewältigte Erbe nicht nur der kommunistischen Vergangenheit führten dazu, dass sich der Rahmen der jungen Demokratie für das Zusammenleben der beiden Nationen als zu eng erwies. Die fried-

liche, einvernehmliche Trennung der beiden Landesteile am
31. Dezember 1992 bedeutete für den sich „tschechoslowa-
kisch" fühlenden Schriftsteller, wie für viele Achtundsechzi-
ger, eine bittere Enttäuschung. Der gebürtige Slowake Mňačko
siedelte aus Protest nach Prag über und lebte von da an dort.
Er starb im Februar 1994 während einer Reise nach Bratislava.

akg-images / Universal Images Group / Sovfoto \ UIG, AKG2453776

Die Samtene Revolution: 500 000 Menschen demonstrieren gegen das
kommunistische Regime, Prag 1989.

Der slowakische Premierminister Vladimir Meciar (l.) und sein tschechischer Amtskollege Vaclav Klaus unterzeichnen die „Scheidungsurkunde" zwischen der Tschechischen Republik und der Slowakischen Republik in Prag am 29. Oktober 1992.

Slowakische Politiker feiern in Prag die Unabhängigkeit, 25. November 1989.

Emil Gallo heute

Auf die Trennung zwischen Tschechien und der Slowakei folg-
ten zahlreiche Abkommen, wie dies die Vermögensverteilung
bei korrekten Scheidungsprozessen vorsieht. Außerdem verlief
die Bildung der beiden neuen Staaten friedlich, was angesichts
des düsteren jugoslawischen Beispiels beeindruckend war.
Zehn Jahre nach der Spaltung konnte diese durch den gleich-
zeitigen Beitritt beider Republiken in die EU etwas relativiert
werden. Das Gedächtnis eines Nationalstaates ist jedoch nie-
mals identisch mit dem eines Staatenbundes. Was einmal als
Gemeinsames erschien, weist heute eher Differenzen auf. Die
Konturen des Jahres 1968, seiner Protagonisten, Helden und
Opfer werden mit jedem Tag blasser. Die neue Generation tut
sich schwer mit der Vergangenheit, mit dem veraltet wirkenden
Pathos eines Emil Gallo. Dennoch mangelt es nicht an etwas
hilflos anmutenden Versuchen, den Kampf gegen das Verges-

LZT

sen durch Stärkung der Symbolik aufzunehmen. So empfahl 2015 der slowakische Blogger Jozef Kolesar, die vom Šafárik-Platz über die Donau führende „Alte Brücke" nach Emil Gallo zu benennen. Um seinem übrigens erfolglosen Vorschlag Nachdruck zu verleihen, bediente er sich unter anderem des Songs „Robin Hood" der Rostocker Band „Hallo, Spencer":

was wenn zuhör'n ein pflichtfach wär
und wir alle hätten es drauf
und könnten von anderen lernen
und es ginge mal wieder bergauf
dann hätten wir einfach mehr verständnis
und uns nicht von einander entfernt
und wir wüßten, wer Emil Gallo war
und hätten von ihm gelernt.

Die wiederaufgebaute Alte Brücke, kurz nach der offiziellen Eröffnung, 2016.

Eine Reinkarnation

21 Jahre nach Emil Gallos vielleicht ungeahnt heroischem Erscheinen vor dem Panzer und 16 Jahre nach seinem Suizid ereignete sich etwas wie eine Reinkarnation. Am 5. Juni 1989, am Tag nach der blutigen Niederschlagung der chinesischen Demokratiebewegung, die laut Angaben des Internationalen Roten Kreuzes 2600 Todesopfer gefordert hatte, rollten die Panzer der „Volksbefreiungsarmee" über den „Platz des Himmlischen Friedens. Diesmal ging es bereits nicht mehr um einen gezielten Waffengang, sondern eher um eine Demonstration der Macht, eine Art „Nachbereitung" der als

akg-images / AP, AKG165372, Jeff Widener

Mann stellt sich Panzern der chinesischen Volksarmee entgegen, Peking 5. Juni 1989.

Tian'anmen-Massaker berüchtigten Operation. An diesem zweiten Tag erschien jedoch vor einem rollenden Panzer ein Mann mit Einkaufstüten in beiden Händen. Er versuchte einige Minuten lang das Kampffahrzeug aufzuhalten und sogar mit dem Soldaten zu diskutierten, dann wurde er von vier Personen weggeschleppt. Bis heute ist unklar, ob dies ein Rettungsversuch oder eine Einmischung der Sicherheitskräfte sein sollte. Von dem Unbekannten hörte man nie mehr etwas. Nach allgemeiner Auffassung hat man ihn hingerichtet, obwohl dies sogar von Jiang Zemin, dem damaligen Generalsekretär der Chinesischen KP, vehement geleugnet wurde. Allerdings dachte die chinesische Führung nicht daran, den Mann – und sei es in einem Gerichtssaal – vorzuführen. Selbst heute, fast dreißig Jahre nach dem Fall, bleibt der chinesische „tank man" von Mythen verhüllt.

Trotzdem versinnbildlichen diese anonymen „tank men" die Gewissheit, dass überall, wo Terror und Unterdrückung in der Welt herrschen, irgendwann der gewaltlose Widerstand eine Chance hat. Gewalt zu fotografieren und öffentlich sichtbar zu machen. In den neuen Medien ist dies viel einfacher und leichter, als es damals gewesen ist. Jeder Gewalttäter riskiert, auf den Bildschirmen von Computern und den Screenplays von Mobiltelefonen aufzutauchen.

Literatur

Stefan Karner, G. Tomilina, Alexander Tschubarjan, Günter Bischof, Wiktor V. Ischenko, (Hrsg.) Prager Frühling Das internationale Krisenjahr 1968, Erster Band, Böhlau, Wien, Köln, Weimar, 2008. http://www.litcentrum.sk/de/39809

Ladislav Mňačko, Die siebente Nacht. Erkenntnis und Anklage eines Kommunisten. Aus dem slowakischen Originalmanuskript übersetzt von Adolf Maldess. Molden, Wien/Frankfurt/Zürich 1968.

György Dalos, 1968 in Osteuropa. Hoffnungen und Enttäuschungen. Landeszentrale für Politische Bildung, Thüringen, Erfurt 2018